AF229036

Conserver cette couverture

ALLOCUTION

Mgr L'ÉVÊQUE DE NEVERS

DANS SON ÉGLISE CATHÉDRALE

À L'OCCASION DES PRIÈRES PUBLIQUES

DEMANDÉES PAR LE GOUVERNEMENT

Le dimanche 13 janvier 1878.

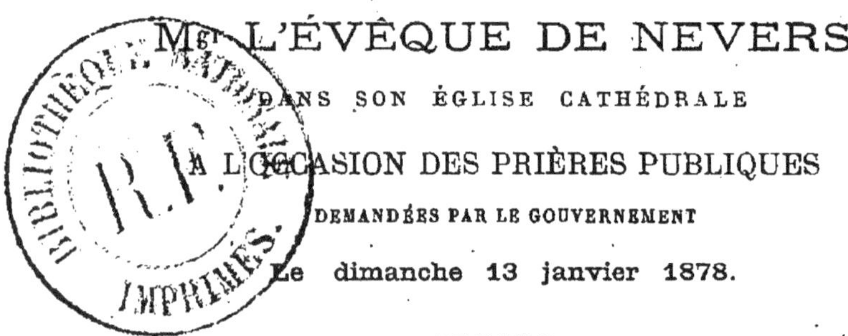

MESSIEURS,

Pourquoi vous êtes-vous réunis dans cette cathédrale? Est-ce à contre-cœur, uniquement pour répondre à une convocation officielle que vous y paraissez? N'y apportez-vous que le sentiment d'une vaine curiosité, d'une incrédulité railleuse ou d'une froide indifférence ?

Non, Messieurs, j'aime à le croire, ou, pour mieux dire, je suis convaincu du contraire : vous êtes trop intelligents, trop Français, j'espère pouvoir ajouter trop chrétiens, pour ne pas comprendre que vous êtes

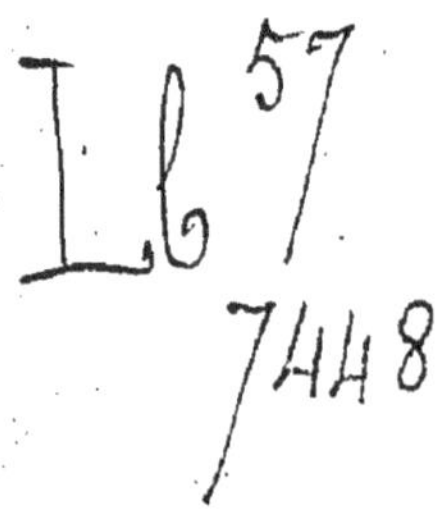

ici accomplissant un grand acte. Sous ces voûtes où se sont agenouillées depuis dix siècles tant de générations vous venez prier ; mais prier non pas comme de simples particuliers s'adressant à Dieu pour un intérêt personnel ; vous venez prier comme les représentants, comme les mandataires de tout un peuple ; vous venez prier au nom de la France et pour la France.

Qu'elle est grande et noble déjà la prière individuelle ! Qu'il est beau et digne d'éloge cet acte qui n'est après tout, cependant, qu'un acte de justice et de sincérité ! Car, enfin, quoi de plus naturel que de voir cet être d'un jour qui s'appelle l'homme s'adresser à son Créateur et à son Maître, solliciter les lumières, les secours, les consolations dont il a constamment besoin ? Celui qui ne le comprendrait pas ; cet homme débordé par les preuves de sa faiblesse et de son impuissance, pouvant à chaque pas rencontrer la mort et, après la mort, ce jugement redoutable auquel elle soumet les rois comme leurs sujets, sans presque leur donner parfois le temps de se reconnaître ; l'orgueilleux qui, malgré tout cela, se redresserait à côté de son épouse qui prie, au milieu de ses enfants qui prient, disant : Moi je ne prie pas ; celui-là je le plaindrais de toute mon âme, et, j'en suis sûr, vous aussi, Messieurs, vous le plaindriez.

Mais nous devrions plaindre bien davantage encore un peuple qui, en tant que peuple, ne saurait plus ou ne voudrait plus prier.

Je sais bien ce qu'ils disent, ceux qui ont conçu la pensée d'étouffer sur les lèvres de notre France ce cri de la prière ! Je sais par quels misérables sophismes ils essayent de prouver que cette prière publique et nationale dont, après tout, ils ont peur, et à bon droit, n'est plus conforme à l'esprit du temps, aux exigences de nos institutions actuelles ! comme si les variations de la politique humaine pouvaient atteindre l'immutabilité divine ; comme si elles étaient capables de changer vis-à-vis de Dieu et de ses droits imprescriptibles la situation d'un peuple ! comme si ce peuple cessait un seul instant de dépendre de Lui et d'être obligé de le reconnaître et de le proclamer !

Vous le reconnaissez, Messieurs ; vous rendez témoignage à cette vérité élémentaire

par votre présence, par votre attitude re-
cueillie ; c'est ce qui me donne la confiance
de monter dans cette chaire et de vous
adresser quelques paroles, certain d'avance
qu'elles tomberont dans une terre bien prépa-
rée.

Vous voulez prier sérieusement, Messieurs ; vous avez mille fois raison. Jamais
peut-être plus qu'à l'heure présente cette
prière n'a été nécessaire. Regardez plutôt
autour de vous : à l'Orient, une guerre d'ex-
termination dont nul ne sait si demain elle
ne s'étendra pas à l'Europe entière, l'embra-
sant d'un vaste et effroyable incendie ; au sein
de cette Europe, l'action dissolvante de ces
sociétés qui travaillent comme le feu dans les
entrailles de la terre, jusqu'au jour où il devien-
dra le cratère d'un volcan vomissant au loin
la terreur et la mort ; dans notre France, des
appétits insatiables surexcités par une presse
qui ne respecte rien ; des convoitises qui se
dressent menaçantes contre toutes les institutions et tous les principes en dehors desquels
nulle famille, nulle société ne peut tenir
debout.

Ce sont là des faits et non pas des rêves

d'imagination ; et cependant, quand nous disons ces choses on nous accuse d'exagération, de conspiration ; probablement, comme le remarquait il y a quelques jours l'éminent cardinal-archevêque de Paris dans une lettre admirable, — et plus que personne il avait le droit de l'écrire, lui, le successeur immédiat de Mgr Darboy sur le siége des évêques martyrs, — probablement parce que « c'est une tactique familière aux hommes qui ont conçu des desseins mauvais de se dire menacés par ceux qu'ils veulent perdre (1). »

Non, Messieurs, nous ne pouvons pas ne pas voir ce qui est, ce qui nous menace ; et, le voyant, ne pas essayer de conjurer le péril ; pour cela nous faisons appel non à la violence, non à la trahison, — ces procédés n'entrent pas dans la tactique de la sainte Eglise, — mais à la prière. Que d'autres, en face des menaçantes éventualités de l'avenir,

---

(1) Lettre-circulaire de Son Eminence le cardinal-archevêque de Paris prescrivant des prières publiques à l'occasion de la réunion des Chambres. (2 janvier 1878.)

se confient dans les diverses ressources de leur habileté humaine, encore bien que tant de fois déjà ils aient été déçus ; nous, nous mettons notre confiance dans le Seigneur ; nous l'invoquons et nous sommes heureux de vous voir en ce moment réunis pour l'invoquer avec nous : *Hi in curribus et hi in equis : nos autem in nomine Domini Dei nostri invocabimus* (1).

Et quelle demande lui adresserons-nous, Messieurs ? Une demande que tous vous pouvez formuler avec nous, parce que cette demande est au-dessus de tous les partis et de toutes les compétitions humaines ; nous lui demanderons, dans l'acte solennel de cette prière publique, ce que tous les vrais chrétiens, « formés par l'institution divine » *institutione divina formati* (2), demandent matin et soir dans leur prière privée ; nous lui dirons : « Notre Père qui êtes aux cieux, que votre nom soit sanctifié, que votre règne arrive. » C'est tout ce que nous avons à

______

(1) Ps. xix, 8.
(2) Prière de la sainte messe.

demander ; et, si nous l'obtenons, c'en est assez pour sauver la France ; mais aussi il faut tout cela.

Que le saint nom de Dieu soit sanctifié : *Sanctificetur nomen tuum.* Malheureusement, Messieurs, il ne l'est 'pas, pas assez du moins dans notre France. Le Seigneur pourrait élever contre elle cette plainte qu'il adressait par le prophète Isaïe aux oppresseurs de son peuple : « Ceux qui le dominent agissent d'une manière inique, et continuellement tout le jour, mon nom est blasphémé » : *Dominatores ejus inique agunt, dicit dominus, et jugiter tota die nomen meum blasphematur* (1).

Je ne parle pas, Messieurs, de ces blasphémateurs vulgaires qui élèvent la voix dans nos rues, sur nos places publiques : assurément ils sont très-coupables ; mais ceux auxquels je fais allusion le sont bien davantage encore. Ces écrivains, ces orateurs, ces rois de la presse et de l'opinion qui vont sans cesse attaquant l'Eglise, Jésus-Christ et jusqu'à la notion même de Dieu ; oui, tous ceux-là,

---

(1) Is., LII, 5.

selon l'énergique expression d'un apôtre,
« blasphèment ce qu'ils ignorent » : *Hi autem
quæcumque quidem ignorant blasphemant* (1).
Et si nous désirons que ces blasphèmes
doctrinaux cessent enfin de retentir dans notre
France, c'est par patriotisme ; parce que nous
savons, parce que l'expérience nous apprend
qu'une société au sein de laquelle ils se pro-
duisent est une société en péril ; elle est en
péril, parce qu'il n'y a pas, dit le Prince des
apôtres, « d'autre nom sous le ciel donné aux
hommes et par lequel nous puissions être
sauvés en dehors de celui de Notre-Seigneur
Jésus-Christ » : *Nec enim aliud nomen est sub
cœlo datum hominibus in quo oportat nos
salvos fieri* (2) ; et quand au lieu de l'adorer
on le blasphème, ce nom trois fois saint, homme
ou peuple, on est perdu !

Vous demanderez donc avec nous, Messieurs, que le nom de Dieu soit sanctifié dans
notre France ; mais avec nous vous demanderez aussi « que son règne arrive » : *Adveniat
regnum tuum.*

---

(1) Jud., 10.
(2) Act. iv, 12.

Cela encore est nécessaire. Si Dieu ne règne pas sur un peuple ; si ce peuple l'écarte systématiquement de ses lois, de ses institutions, de sa vie ; s'il dit, par le langage des faits : Nous ne voulons pas que celui-là règne sur nous : *Nolumus hunc regnare super nos* (1) ; cela, évidemment, ne change rien, absolument rien, au droit essentiel de Dieu ; cela ne le touche pas davantage qu'une pincée de poussière qu'un enfant dépité lancerait contre le soleil ; mais c'est nous qui sommes atteints : alors Dieu se retire de ce peuple, et il attend ; il attend avec patience, parce qu'il a pour lui l'éternité : *Patiens quia æternus* (2) ; il attend et il laisse faire, et c'est le commencement de la punition. Car ce qui règne dans cet interrègne de Dieu, ce qui règne à la place de sa justice, de sa bonté, de sa puissance, c'est l'injustice, la force brutale, toutes les erreurs et toutes les passions déchaînées ; c'est la déesse Raison, c'est-à-dire la dernière expression, le comble de la déraison humaine. Et c'est parce

---

(1) S. Luc, xix, 14.
(2) Test.

que nous savons que ce règne est possible ;
parce que nous n'avons qu'à jeter un regard
en arrière pour la voir cette déesse Raison
trônant ici, dans cette cathédrale, il n'y a pas
encore cent ans, que nous disons du fond de
notre cœur et que nous vous convions à dire
avec nous, à quelque parti d'ailleurs que vous
apparteniez, pourvu que vous croyiez en Dieu
et que vous aimiez la France : « Notre père...
que votre règne arrive » : *Adveniat regnum
tuum.*

Ah ! qu'il en soit ainsi, Messieurs ! que
le saint nom de Dieu soit sanctifié, que son
règne arrive, qu'il s'étende sur notre patrie,
et nous la verrons se relever de ses ruines.
Elle apparaîtra aux yeux de ses enfants, aux
yeux des nations, non plus affaiblie, amoin-
drie, divisée, ayant perdu son prestige sécu-
laire, oscillant comme un homme ivre sur le
bord des abîmes ; ce sera la France forte et
prospère, inébranlable, parce que Dieu sera au
milieu d'elle : *Deus in medio ejus non commo-
vebitur* (1); capable de reprendre sa place et de

----

(1) Ps. xlv, 6.

marcher en tête des nations, parce que Dieu lui-même marchera à sa tête et se servira d'elle, dans l'avenir, comme tant de fois il s'en est servi dans le passé pour accomplir son œuvre.

Penser ainsi, formuler au pied des autels ces vœux et ces espérances, est-ce manquer de patriotisme? est-ce faire acte de réaction et d'opposition systématique? Messieurs, je ne le crois pas, et vous êtes de mon avis, j'en suis bien sûr. Avoir ces sentiments, n'est-ce pas plutôt aimer son pays, l'aimer sincèrement, l'aimer non de bouche et de paroles, mais de cœur et de fait? J'en ai la conviction, et c'est pour cela que je vous demande d'unir en ce moment, mais de toute votre âme, vos prières à celles de votre évêque, aux prières de tous les évêques de France, de tous leurs prêtres et de tous leurs fidèles assemblés comme nous en ce jour au pied des autels, dans l'unité d'un même désir et d'une même supplication.

Que cette supplication soit assez fervente pour que Dieu puisse l'exaucer. Exempte alors de toute crainte, délivrée des mains de tous ses ennemis, la France régnera sur la terre, reconnaissant et servant avec fidélité le Maître qui est au ciel : *Ut sine timore, de manu inimicorum nostrorum liberati serviamus illi* (1); elle marchera sous son regard et sa bénédiction, jusqu'au dernier jour, dans la sainteté et la justice et, par conséquent, dans la paix et la prospérité : *In sanctitate et justitia coram ipso, omnibus diebus nostris* (2).

Amen.

---

(1) Cant. *Benedictus.*
(2) *Ibid.*

NEVERS. — Imp. et Lith. F. X.